16 40/1305

PROJET
DE
TRAVAUX PUBLICS,

PROPOSÉ *par les Commissaires des 48 Sections de Paris, assemblée à la Maison Commune, à l'effet d'aviser aux moyens de procurer de l'ouvrage aux Ouvriers qui ont besoin de travailler pour vivre.*

LES Commissaires des 48 Sections, chargés de trouver un moyen prompt de procurer des travaux aux ouvriers, n'ont pas cessé un seul instant de s'en occuper de la manière la plus utile. Convaincus de la nécessité d'ouvrir des atteliers propres à procurer à toutes les classes de citoyens des travaux analogues à leurs facultés, ces Commissaires, en s'imposant la loi d'écarter de ces nouveaux établissemens, tous les abus introduits dans tous ceux que l'on a entrepris jusqu'à-présent, ont eu en vue sur-tout, et l'utilité publique dans le choix des projets, et l'économie dans leur administration.

Instruits par l'expérience, ils ont vu que le désordre introduit dans les travaux publics, ne venoit pas de l'insubordination, de la corruption du peuple, comme l'ont voulu faire entendre ses détracteurs, mais de ce que l'on avoit indis-

A

tinctement appliqué des artisans, des artistes, des femmes, au remuage des terres, genre de travail qui ne peut convenir qu'à ceux qui y sont accoutumés.

Ils ont vu qu'en formant des rassemblemens immenses d'hommes inconnus, qu'en ne mettant aucune délicatesse, ni dans le choix des chefs, ni dans celui des ouvriers, on offroit aux malveillans la facilité d'ourdir et d'exécuter des trames dangereuses à la tranquillité publique.

Ils ont vu que des ouvriers réunis en grand nombre, liés par les mêmes intérêts, étant appliqués à des travaux du même genre, avoient souvent servi à l'esprit de cabale, pour détourner les hommes même les plus laborieux et les faire agir contre leurs propres intérêts.

Ils ont vu enfin que les ouvrages donnés, en 1790, avoient par leur inutilité découragé les plus actifs: que ceux de 1792, trop précipités, mal organisés, sans choix dans les agens, soumis à une direction vacillante, constamment attachés à une comptabilité ministérielle, étoient devenus, au-delà de toute expression, onéreux à la république : et loin même que cette organisation ait tourné à l'avantage des ouvriers, elle avoit failli les perdre en mettant leurs intérêts en compromis avec la soumission aux loix.

D'après ces considérations, les Commissaires ont arrêté, pour servir de base à leur travaux, qu'ils ne s'occuperoient d'aucun plan, où les ouvriers seroient confondus et ne pourroient être employés selon leurs facultés; 1°. que néanmoins pour tirer parti de ceux qui pourroient leur être présentés dans les différens genres, ils seroient tous renvoyés à un comité, chargé de les classer et d'en faire le rapport à l'Assemblée, quand elle s'occupera de l'espèce où ils peuvent avoir lieu ; 2°. que les ouvriers dont ils veulent s'occuper, seront classés ainsi qu'il suit : les manouvriers, les artisans, les artistes, les vieillards, les femmes et les enfans ; 3°. qu'ils mettront en usage tous les moyens qui sont en leur pouvoir pour procurer à chacun d'eux des travaux analogues à leurs facultés ; 4°. que circonscrits dans l'emploi des fonds destinés au département de Paris, par la République, ils proposeront de n'admettre à ces travaux que les résidens dont l'état sera fixé par un règlement particulier ; 5°. qu'ils n'admettront de plans de travaux à proposer, que ceux dont l'utilité sera reconnue, dont les avantages seront les plus propres à stimuler les ouvriers, et dont les résultats seront les plus utiles à la République entière ; 6°. que tous les ouvrages seront donnés à la tâche 7°. qu'ils commenceront seulement par les manouvriers.

PREMIER PLAN

De travaux ruraux destinés aux manouvriers.

Article premier.

Il sera nommé des commissaires chargés d'indiquer les terres soit en friche, en avenues inutiles, remises, broussis, bois de haute tige, dont le revenu lent est une perte habituelle dans le voisinage de Paris, qui ne devroit être environné que de légumiers.

I I.

Il sera fait une estimation des terres qui seront indiquées par des Commissaires de la Convention.

I I I.

Le département se rendra adjudicataire desdits terreins, sur leur estimation, à la charge de les remettre en vente la quatrième année de leur adjudication.

I V.

Il sera versé dans la caisse nationale tout ce qui proviendra de la vente de la superficie des terreins, tels qu'ils se trouvent actuellement emplantés.

V.

La vente se fera à l'enchère par l'administration des biens nationaux; et le prix en sera payable dans l'année au trésor public.

V. I.

Les terreins ainsi aliénés au département, quant au fond,

seront divisés en cinquante parties, dont une pour le district du Bourg de l'Egalité, une autre pour Saint-Denis, et les quarante-huit autres pour les sections de Paris, et en suivant une division proportionnée au nombre des citoyens manouvriers que chacune des sections et districts renferme dans son sein.

VII.

Le défrichement et la culture des portions accordées à chaque section et district, distribués en raison des approximations des ouvriers, seront sous l'inspection d'un commissaire nommé dans chaque section pour la conduite des travaux publics, sous la surveillance de la section entière.

VIII.

Le produit desdites cultures sera vendu chaque année de la manière la plus utile, et le prix en sera appliqué à seconder les atteliers qui seront établis dans Paris et districts du département.

IX.

Après l'expiration des trois années du défrichement fait par les travaux publics, le département ouvrira la vente des susdits terreins, subdivisés dans les plus petites portions.

X.

Chaque tâcheron aura la préférence, à prix égal, d'une portion, sans pouvoir rétrocéder. S'il vend, l'acte sera sujet à l'enregistrement, et il sera tenu, lors de l'enchère, de fournir caution pour l'ensemence de la première année, et ne pourra jouir des fruits de la récolte qu'après avoir payé son annuité, ou fourni caution de la valeur récoltée.

XI.

S'il veut construire en bâtissant par fond, en mur et couvrant en tuiles, il lui sera accordé deux années de délai, pour payer ses annuités, si mieux n'aime se libérer avant.

XII.

Tout l'avantage, résultant au département des reventes des susdits objets ainsi améliorés, retournera à la caisse de l'administration des travaux publics de l'état, en dégrèvement des fonds fixés pour eux par la République.

MODE D'EXÉCUTION.

Pour y procéder, avec ordre, nous divisons les articles réglementaires en quatre chapitres; le premier traitera de l'administration, le second du défrichement, le troisième de la culture, le quatrième des ouvriers.

CHAPITRE PREMIER.

De l'Administration.

Nous diviserons encore l'administration en deux parties, la gestion et la police.

PREMIERE PARTIE.

De la Gestion.

ARTICLE PREMIER.

Le commissaire, nommé dans chaque section et district pour la confection des travaux, sera salarié.

II.

Chaque commissaire sera tenu de faire, par lui-même ou à ses frais, la division du terrein de sa section ou district, par arpent et subdivisé par quart avec des jalons qui en fixent les limites et divisions.

III.

Après ce travail les cinquante commissaires se réuniront en assemblée générale, dans laquelle ils s'organiseront ainsi qu'il suit :

Premièrement. Ils formeront deux comités, l'un de vérification et l'autre d'exécution.

Secondement. L'assemblée générale nommera le premier ordonnateur, qui sera président du comité de vérification, et un caissier.

I V.

Dans chaque lieu, où seront établis les travaux, il y aura un commissaire, choisi parmi ceux qui seront tenus de suivre les travaux, chargé de vérifier les feuilles des autres commissaires, pour constater la quantité d'arpens ou portions d'arpent défrichés, et en marquer le prix de la fixation, avec le notaire de contrôle, dont le double restera entre les mains du commissaire ordonnateur, pour, la commune ou district acquitter sur les fonds destinés à cet objet, le montant des susdites ordonnances.

V.

La feuille du commissaire, chargé de la vérification, sera elle-même vérifiée par le commissaire le plus voisin de son attelier.

V I.

Aucune feuille ne pourra être vérifiée que sur les lieux, et en présence de deux chefs de bricole, que les tâcherons nommeront à cet effet.

V I I.

Pour que tout le monde puisse suivre la vérification, sur les jalons, qui fixent les divisions des arpens en quarts, sera affiché le prix suivant l'estimation qui en sera faite.

V I I I.

Le comité de vérification enverra deux de ses membres, par semaine, pour contrôler les feuilles ordonnancées avec les défrichemens, et cette mission sera dirigée de manière qu'il n'y ait aucune section, dont les terreins ne soient contrôlés, au moins une fois dans le mois.

I X.

Les travaux seront divisés, le plus également possible, entre les commissaires chargés de leur exécution sur le terrein, de sorte que les ouvriers des sections ne soient point confondus, et que chacun d'eux préside toujours les atteliers les plus avoisinans celui de leur section.

X.

Les feuilles de chaque commissaire seront doubles; elle seront toutes deux également contrôlées, et l'une d'elles restera entre les mains du commissaire ordonnateur, pour acquit personnel des ordres effectués par ses mandats.

X I.

Le mandat du commissaire ordonnateur restera entre les mains des payeurs pour décharge envers la commune ou district chargé de l'emploi de ses fonds.

X I I.

Le comité sera tenu d'avoir un registre sur lequel seront copiées toutes les feuilles ordonnancées.

X I I I.

Les commissaires, chargés des contrôles, seront tenus de faire, sur les registres, le relevé de ce qui aura été payé par bricole; il l'annoncera publiquement, en présence des tâcherons, au jour de son contrôle.

X I V.

Il tiendra et dressera procès-verbal de toutes les réclamations, plaintes ou mécontentemens, occasionnés ou par le défaut d'accord, ou par l'absence, maladie ou autres causes.

X V.

Il sera tenu une assemblée générale, de tous les commissaires, tous les premiers dimanches du mois, jour où seront suspendus tous les travaux; néanmoins, à la réquisition de l'un ou l'autre comité, elle pourra être convoquée extraordinairement, et l'heure en sera toujours à huit heures du soir.

X V I.

L'organisation sera nécessairement renouvellée à chaque campagne.

X V I I.

Le comité de vérification ne recevra les ordres que de l'assemblée générale, qui sera formée indistinctement de tous les membres du comité de vérification et du comité d'exécution.

X V I I I.

Aucun membre n'aura voix délibérative dans l'objet qui le concerne; il pourra néanmoins être présent pour donner les éclaircissemens nécessaires.

DEUXIEME PARTIE.

De la police.

Article Premier.

Les commissaires préposés à la confection des travaux, seront juges pacificateurs dans tous les différens qui surviendront aux travaux; néanmoins, dans le cas où ils ne pourroient concilier les intérêts de la chose publique avec les prétentions des réclamans, ils les enverront se pourvoir devant le comité de vérification : mais s'il s'agit de rixe, de délit, ils auront le droit de les faire accompagner et conduire chez le juge de Paix le plus voisin.

II.

Si malgré les avertissemens du commissaire pacificateur, un ouvrier continue à troubler l'ordre, il sera tenu d'en faire son rapport au comité de vérification qui emploiera tous les moyens de pacification pour ramener à l'ordre celui qui s'en est écarté : si aucune voie de conciliation ne réussit, le commissaire de sa section en fera rapport au comité de la section, à l'effet de le retirer des travaux publics.

CHAPITRE II.

Du défrichement.

ARTICLE PREMIER.

Il sera nommé en assemblée générale de chaque commune la plus avoisinante les ouvrages, douze commissaires cultivateurs. Si deux communes avoisinent, elles en nommeront chacune six; s'il y en a trois, elles en nommeront quatre; si plus grand nombre avoisinent, l'on s'en tiendra aux trois qui se trouveront avoir la plus grande portion sur leur territoire.

III.

Les douze commissaires se partageront en deux comités; ils se transporteront successivement sur les portions de chaque section. Le premier déterminera la nature du défrichement à faire, et le prix qu'il croira devoir être alloué. Le commissaire de la section en dressera procès-verbal. Le second comité, sans avoir communication du premier travail, fera la même opération: s'il se trouve de la différence, et pour le mode et pour le prix, le commissaire relira en présence des douze commissaires, les deux procès-verbaux, en dressera un troisième qui fera mention des raisons alléguées de part et d'autre; s'ils ne s'accordent pas, le tout sera porté au comité de vérification, qui reglera définitivement sur le tout.

I I I.

L'estimation ne se fera point en masse, mais seulement arpent par arpent, afin de pouvoir afficher le prix sur les jalons.

TROISIEME PARTIE.

De la culture des terreins défrichés.

ARTICLE PREMIER.

Les terres seront classées par arpens, en bonnes, médiocres et mauvaises terres.

I I.

Afin d'intéresser les tâcherons au travail, les bonnes terres leur seront offertes à cultiver, à moitié; les médiocres, aux deux tiers, et les mauvaises seront affermées à l'enchère.

I I I.

Pour faciliter les tâcherons qui auront pris, soit à une demie ou aux deux tiers de récolte, il leur sera avancé pour les aider à faire les ensemencemens, vingt livres par arpent.

I V.

Aucune récolte ne pourra être enlevée que du consentement des commissaires chargés de la conduite des travaux et du recouvrement des fruits à récolter.

V.

Tous les fruits des susdits terreins seront vendus à l'enchère, d'après l'avis du commissaire, et l'approbation du comité de vérification.

VI.

Ils pourront être portés en nature au secours des atteliers internes, sur l'avis du comité de vérification.

QUATRIEME PARTIE.

Des Ouvriers.

ARTICLE PREMIER.

Il ne pourra être employé dans les travaux du département, que les résidens depuis un an, dans ce département.

II.

On n'admettra aucun ouvrier, que sur l'attestation des atteliers où ils étoient occupés, et qui sont suspendus, ou sur l'affirmation de deux domiciliés, qui attesteront, et sa résidence depuis un an, et son défaut d'ouvrage.

Les Commissaires des 48 Sections, après avoir adopté le présent projet, en ont arrêté l'impression à l'unanimité, dans leur séance du 19 janvier 1793, deuxième de la République.

CAZALIS, Président.

LECLER; RAYNAL; TEISSIER, Secrétaires.

De l'Imprimerie de C.-F. PATRIS, Imprimeur de la Commune, rue du fauxbourg Saint-Jacques, aux ci-devant Dames Sainte-Marie.